Herausgeber: Alexandra Haas

Printverlag

Vegetarisches

mit und ohne
Gluten und Zucker

M m m h ...

Schon von klein auf war Essen für mich ein genussvolles und bewusstes Erlebnis. Bereits in der Sandkiste war mir klar, dass die richtige Körnung den Kuchen ausmacht, weshalb es nicht verwunderlich war, dass ich später beruflich die „süßeste" Laufbahn wählte und mich bis zur Konditormeisterin auszeichnete.

Sechs Jahre sammelte ich Erfahrung in meiner Heimat Österreich, dem Herzen für „Kaffee und süße Köstlichkeiten".

Als ich eine Anfrage aus der best angesehensten Konditorei in Oslo erhielt, schnappte ich meine Koffer, um die Norweger mit meinen österreichischen Zuckerbäckerfähigkeiten zu verwöhnen.

Während meines zehnjährigen Aufenthaltes faszinierte mich dort besonders der wertschätzende Umgang mit Nahrungsmitteln und die große Naturverbundenheit. Schon bald ging ich selbst den Weg der einfachen, natürlichen und ehrlichen Lebensweise der Norweger.

Nach jahrelanger Berufserfahrung in der gehobenen Küche der besten Hotels und Feinschmecker-Restaurants war es schließlich an der Zeit, überholte Pfade und auch Norwegen zu verlassen.

Zurück in Österreich und vollgepackt mit vielseitigem Know-how überlegte ich mir einige einfache Lösungen für die große Ratlosigkeit zum Thema Nahrungsmittelunverträglichkeit und brachte Lichtblicke in die sooft in Verruf geratene „gesunde Küche".

Aus der Box raus zu denken und anderes auszuprobieren wurde zu meinem neuen Alltag, der mir viel Freude und herrliche Anregungen für immer mehr Rezepte schenkte.

Meine schönste Motivation ist es, die positive Überraschung und Begeisterung in den Gesichtern der Menschen zu sehen, während sie meine kulinarischen Kreationen genießen; und das obwohl – oder gerade weil – diese zuckerfrei/glutenfrei und/oder vegan sind.

Diese Reaktionen haben mich dazu ermutigt, meine Leidenschaft zum Essen, meine kulinarischen Kreationen sowie all meine Erfahrungen in diesem Buch zu teilen.

Es dient dabei sowohl Kochanfängern als Anregung und Ratgeber, welche Lebensmittel sich gut durch andere ersetzen lassen, als auch Fortgeschrittenen zur Inspiration für neue Möglichkeiten der gesunden, unkomplizierten Küche.

Lassen Sie sich ein auf die Natürlichkeit, Einfachheit und der überraschenden Schnelligkeit der Rezepte und geben Sie Ihrer eigenen Kreativität freien Raum.

Alexandra

God appetitt,
la det smake!!! *

*(norwegisch für: Mahlzeit, lass es dir schmecken!!!)

ROTE-RÜBEN-GURKEN-SALAT

Rezept auf Seite 13

VORSPEISEN

SOMMER-CARPACCIO

für 2 bis 4 Personen

ZUTATEN

Sommercarpaccio

2–3 Tomaten

1 Gurken

1 Pkg. Feta

Basilikum

Olivenöl, Balsamicoessig, Wüstensalz, Pfeffer

SO GEHTS…

Sommer-Carpaccio

Gemüse in dünne Scheiben schneiden, mit Feta und Basilikum bestreuen und nach Belieben mit Olivenöl, Balsamicoessig sowie Salz und Pfeffer würzen. Fertig ist ein leckeres Sommergericht, zu dem hervorragend frisch gebackene Mandelweckerl und Pesto passen.

Aha!

Für Veganer lässt sich der Feta hervorragend durch Champignons ersetzen.

MANDELWECKERL

Rezept auf Seite 118

BASILIKUMPESTO

Rezept auf Seite 98

SOMMER-CARPACCIO

FRÜHLINGSSALAT
HERBSTSALAT

jeweils für 2 Personen

ZUTATEN

Frühlingssalat

200 g beliebiger Blattsalat

2–3 Radieschen, feinblättrig

5 Cocktailtomaten, in Spalten

8–12 Oliven in Öl

1 Karotte, geraspelt oder gehobelt

1 roter Paprika, dünnblättrig

1 Frühlingszwiebel

1 Apfel, gewürfelt

1 Pkg. Feta

Gänseblümchen aus dem Garten

Zedernnüsse oder Pinienkerne

Wüstensalz, Balsamicoessig

Liebstöckel, Schnittlauch oder Kresse

Herbstsalat

200 g Endiviensalat (oder Zuckerhut gemischt mit Radicchio)

1 Pkg. Kastanien, gegart

2 Eier, gekocht

1 rote Rübe, grob geraspelt

1 Frühlingszwiebel

Kren, gerieben, Schnittknoblauch

Wüstensalz, Balsamicoessig

SO GEHTS...

Frühlingssalat

Alle Zutaten in einer Schüssel vermengen und mit Olivenöl, Balsamicoessig, Salz und Pfeffer abschmecken.

Herbstsalat

Salat in dünne Streifen schneiden und die roten Rüben dazugeben. Für das Dressing, die Gewürze mit Öl und Balsamicoessig anrühren, auf den Salat geben und nochmals abschmecken.

Mit Eiern, Kastanien und Kren garnieren.

Foto Herbstsalat auf Seite 10

FRÜHLINGSSALAT

HERBSTSALAT

Rezept auf Seite 8

KICHERERBSENSALAT

für 2 Personen

ZUTATEN

100 g gekochte Kichererbsen

2 Karotten, grob gerieben

1 roter Paprika, gewürfelt

1 Avocado

5 Cocktailtomaten, halbiert

150 g Feta, gewürfelt

2 EL Olivenöl, Balsamicoessig

frisches Basilikum und Petersilie

Wüstensalz, Pfeffer

SO GEHTS…

Das Gemüse verarbeiten und den Feta würfeln. Dann alle Zutaten miteinander vermischen.

Aus Öl und Balsamicoessig ein Dressing anrühren, über den Salat geben und mit frischen Gartenkräutern abschmecken.

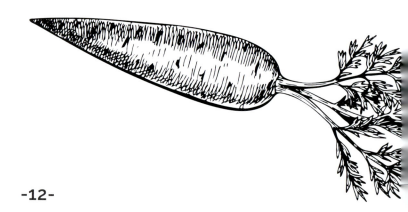

ROTE-RÜBEN-GURKEN-SALAT

für 2 bis 4 Personen

ZUTATEN

300 g rote Rüben

300 g Gurke

1 Frühlingszwiebel

1 EL Olivenöl

1 Bund Dill

100 g Ziegenjoghurt

1 EL Senf

½ Zitrone (Saft)

2 EL Balsamicoessig

½ TL Wüstensalz, Pfeffer

½ TL Kümmel, ganz

SO GEHTS...

Die roten Rüben klein würfeln und in einem Topf mit Kümmel, etwas Wüstensalz und 100 ml Wasser zugedeckt ca. 15 min. dünsten.

Inzwischen die Gurken in ebenso kleine Würfel schneiden.

Den Dill und die Frühlingszwiebel fein hacken, mit Olivenöl, Senf, Zitronensaft, Pfeffer würzen und zusammen mit dem Joghurt zu den Gurken geben.

Die roten Rüben abgießen, dabei Kümmel so gut wie möglich auffangen, etwas abkühlen lassen und unter den Gurkensalat mischen.

Mit Balsamicoessig, Wüstensalz und Pfeffer abschmecken.

Abbildung auf Seite 4

HOKKAIDO IN KÄSEKRUSTE AUF BLATTSALAT

für 2 Personen

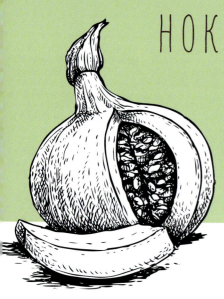

ZUTATEN

300 g Hokkaido

100–150 g Hartkäse, gerieben

50 g Goldleinsamen, geschrotet

Petersilie, gehackt

Kokosöl zum Braten

200 g gemischte Salate (z. B. Blattsalate, Vogerlsalat)

Wüstensalz, Pfeffer

Balsamicoessig

Kernöl

SO GEHTS...

Hokkaido in Stücke oder Scheiben schneiden und in flüssigem Kokosöl wälzen bzw. damit bestreichen.

Danach in einer Mischung aus Käse und Leinsamen wenden und auf ein Backblech mit Backpapier geben.

Bei 180 °C ca. 20 min. backen.

Vor dem Verzehr nach Belieben salzen und auf dem mit Kernöl und Balsamicoessig marinierten Blattsalat servieren.

Aha!

Kürbisstücke passen hervorragend zu Nudeln und Feta und können in dieser Variation auch zu einem Salat umgewandelt werden. In diesem Fall das Kernöl durch Olivenöl ersetzen. Auch ist es hier sinnvoll, den Kürbis nur mit Thymian und Salz kurz anzubraten.

GEFÜLLTE MELANZANI

Rezept auf Seite 28

HAUPTSPEISEN

BRENNNESSEL-

ZUTATEN

Für den Teig:

100 g Leinsamen, geschrotet

90 g Mandeln, gemahlen

1 Ei

1 EL Kokosöl

1 Msp. Wüstensalz

1 TL Weinsteinbackpulver

Für die Füllung:

300 g Brennnessel

100 g Lauch

2 Eier

100 ml Ziegenjoghurt

1 Pkg. Feta

Wüstensalz, Muskat, Pfeffer

SO GEHTS…

In einer Rührschüssel alle Zutaten zu einem glatten Teig verarbeiten. Die Tortenform mit Kokosöl einfetten oder den Tortenring auf ein mit Backpapier belegtes Blech stellen.

Den Teig mit sehr feuchten Händen gleichmäßig in die Form pressen, dabei einen Rand von ca. 1 bis 1,5 cm Höhe formen.

Die Brennnesseln mit fein geschnittenem Lauch andünsten und mit Salz, Pfeffer sowie Muskat abschmecken.

QUICHE

für 1 Tortenform Ø 24 cm

Aha!

In einer kleinen Schüssel die Eier mit Joghurt, Pfeffer und einer Prise Salz verquirlen.

Ofen auf 180 Grad vorheizen.

Die gedünsteten Brennnesseln auf dem kalten Quicheboden verteilen, die Eimasse darüber geben und den gewürfelten Feta darüber streuen.

Die gefüllte Form ins Rohr geben und bei 170 Grad Umluft auf mittlerer Schiene 35–45 Minuten backen.

Brennnessel können je nach Jahreszeit durch Spinat, Mangold oder anderen Gemüsearten (z. B. Kürbis) ersetzt werden.

Der rohe Teigboden lässt sich auch hervorragend einfrieren. Wenn einmal wenig Zeit zum Kochen ist, kann er dann problemlos aus dem Gefrierfach genommen und belegt werden – und ab ins Rohr damit!

BRENNNESSEL-QUICHE

Rezept auf Seite 18

PALATSCHINKEN TORTE

GLUTEN FREI

ZUTATEN

Palatschinkenteig

*Mindestens 12 Stunden im Kühlschrank
kaltstellen*

175 g Buchweizenmehl, fein gemahlen

500 ml Hafermilch

3 Eier

2 TL Flohsamen, gemahlen (Flohsamenschalen)

½ TL Wüstensalz

Brennnesselspinat:

400 g Brennnessel

100 g Lauch

50 g Bärlauch oder 10 g Schnittknoblauch

2 EL Kokosmus

1 Pkg. Feta

2 Tomaten zum Überbacken

Parmesan zum Überbacken

Wüstensalz, Muskat, Pfeffer

Kokosöl

MIT BRENNNESSEL-SPINAT

für 2 bis 4 Personen

SO GEHTS...

Palatschinkenteig

Alle Zutaten in ein Gefäß geben, mit dem Stabmixer pürieren und kaltstellen.

Brennnesselspinat

Brennnessel mit fein geschnittenem Lauch und Bärlauch in etwas Kokosöl anbraten.

Dann das Kokosmus dazugeben und ca. 5 min. dünsten.

Mit Wüstensalz, Pfeffer und Muskat abschmecken, abkühlen lassen.

Inzwischen die Palatschinken in der Größe einer Tortenform ca. Ø 20 cm in der Pfanne braten.

Die Tortenform wird nun abwechselnd mit Palatschinken und Brennnesselspinat geschichtet. Den Feta zerbröckeln und ebenfalls in die Schichten einarbeiten. Die Torte schließlich mit Palatschinken abschließen, dünne Tomatenscheiben darauf verteilen und mit geriebenem Parmesan bestreuen.

Im Rohr bei 170 Grad bei Umluft auf mittlerer Schiene ca. 25 min. überbacken.

Die Torte kann hervorragend mit Tomatensauce oder einem knackigen Salat serviert werden.

Aha!

Feinschmecker können den Palatschinkenteig auch noch zusätzlich mit einer Handvoll Wildkräutern verfeinern. Diese einfach vor dem Backen in den Teig einarbeiten.

Palatschinken sind auch sehr gut als Beilage zu anderem Gemüse oder als Nachspeise.

PALATSCHINKENTORTE

Rezept auf Seite 22

GEFÜLLTE MELANZANI

Rezept auf Seite 28

GEFÜLLTE

ZUTATEN

2 mittelgroße Melanzani

Wüstensalz

Saft einer halben Zitrone

Für den Hirsereis:

50 g Basmati-Vollkornreis

50 g Hirse

200 ml Wasser

½ TL Wüstensalz

Für die Füllung:

100 g Lauch

1 Paprika, gelb

1 Fenchelknolle

100 ml Rotwein

Thymian

½ Pkg. Feta

Pinienkerne

Kokosöl

Wüstensalz, Pfeffer, Rosmarin

SO GEHTS…

Melanzani der Länge nach halbieren, das Fruchtfleisch entfernen und beiseitestellen. Die Melanzanihälften nun auf einem mit Backpapier belegten Backblech platzieren, salzen und mit etwas Zitronensaft beträufeln.

Ca. 15 min. stehen lassen, Backrohr auf 170 Grad vorheizen. Die Melanzani 20 min. im Rohr garen.

Hirsereis

Den Basmatireis mit heißem Wasser abspülen und mit der gesamten Wassermenge 20 min. kochen.
Die Hirse ebenfalls mit heißem Wasser abspülen, zum bereits köchelnden Basmatireis hinzufügen und erst jetzt

MELANZANI

für 2 bis 4 Personen

einen ½ TL Salz hinzugeben. Weitere 20 min. köcheln lassen bis der Hirsereis vollends gegart ist.

Im nächsten Schritt den Lauch, das ausgeschabte Melanzanifleisch, die Paprika und den Fenchel in kleine Würfel schneiden.

In einer Pfanne etwas Kokosöl erhitzen und die Gemüsewürfel darin anbraten. Nach ca. 5 Minuten mit einem Schuss Rotwein ablöschen,Thymian und Rosmarin dazugeben und weitere 10 min. bei niedriger Hitze dünsten. Zum Schluss den fertigen Hirsereis unter das Gemüse mischen. Die im Rohr gegarten Melanzanihälften in eine ofenfeste Form schlich-

ten und mit dem Gemüsehirsereis befüllen.

Pinienkerne und gewürfelten Feta darüberstreuen, restlichen Rotwein ebenfalls in die ofenfeste Form füllen und bei 170 Grad Umluft auf mittlerer Schiene 20 min. überbacken. Die Melanzani können zum Schluss auch noch kurz auf Grillstufe weitergegrillt werden.

Mit Rosmarinzweigen garnieren und auf Ruccolasalat servieren.

Aha!

Die Fülle schmeckt auch vorzüglich als Hauptgericht oder Beilage zu anderen Speisen.

Der Hirsereis kann durch Quinoa, Buchweizen oder Polenta ersetzt und mit anderen Gemüsesorten variiert werden.

GLUTEN FREI

MEDITERRANER GRILLKÄSE

für 2 bis 4 Personen

ZUTATEN

1 Zucchini, gelb

1 Zucchini, grün

1 Paprika, rot

1 Paprika, grün

1 Lauch bzw. 150 g

Wüstensalz, Pfeffer, Rosmarin, Thymian

2–4 Scheiben Grillkäse

SO GEHTS…

Gemüse in gewünschte Größe schneiden, mit Kokosöl und den Gewürzen bei hoher Temperatur kurz anbraten und mit Salz und Pfeffer abschmecken.

In einer separaten Pfanne den Grillkäse in Kokosöl ebenfalls anbraten und auf dem gebratenen Gemüse anrichten.

Nach Belieben mit Olivenöl oder Leinöl verfeinern.

Aha!

Ziegenkäseliebhabern empfehle ich den, auf Bauernmärkten oder in Feinkostläden zu findenden, Ziegengrillkäse zu verwenden. Oder wie wäre es mit einem mit Sesam panierten Feta?

BRENNNESSEL-

GLUTEN FREI

ZUTATEN

300 ml Risottoreis im Voraus 2–4 Std.
in viel Wasser einweichen

500 ml Wasser

1 TL Suppenwürze oder
Alexandras Suppengewürz

50 g Winterheckenzwiebel (oder
Bärlauch, je nach Saison)

10 g Schnittknoblauch (oder
1 –2 Knoblauchzehen)

300–400 ml Prosecco

100–200 g Brennnesselspitzen,
je nach Intensität

50–100 g Hartkäse, gerieben (am besten Parmesan oder Pecorino)

1–2 TL Wüstensalz

Abrieb einer halben Zitrone

1/2 Bund Petersillie

Pfeffer, Olivenöl

SO GEHTS…

Den Reis heiß abspülen und dann in
viel Wasser 2–4 Std einweichen.

Zuerst wird die Brühe für das Risotto
vorbereitet, indem 500 ml Wasser mit
Suppengewürz und Salz aufgekocht
werden.

In einem separaten Topf die gewürfelten Winterheckenzwiebel und den
Schnittknoblauch in Kokosöl anschwitzen.

Nun den Reis abgießen und mit in
die Pfanne geben. Unter ständigem
Rühren etwas Prosecco dazu gießen,
verkochen lassen. Den Vorgang

RISOTTO

für 2 bis 4 Personen

wiederholen bis alles verkocht ist. Anschließend mit der Brühe gleich weiterverfahren. Insgesamt sollte das Risotto ca. 10–15 min. unter ständigem Rühren kochen.

Brennnessel und 50 g Parmesan in den letzten 5 min. ebenfalls zum Reis geben und mitkochen.

Zum Schluss mit Zitronenschalenabrieb, Pfeffer sowie Salz abschmecken und mit gehackter Petersilie, Olivenöl und Pinienkerne servieren.

Aha!

Durch das Einweichen des Reises wird die Kochdauer reduziert. Natürlich kann der Reis auch ohne vorheriges Einweichen verwendet werden, muss dann aber mit mehr Flüssigkeit gekocht werden. Das Risotto sollte noch ein wenig kernig sein.

BRENNNESSEL-RISOTTO

Rezept auf Seite 32

VEGGIEBURGER

Rezept auf Seite 38

VEGGIE

ZUTATEN

Für die Laibchen:

2 Zwiebeln

4 Knoblauchzehen

Kokosöl

300 g braune Linsen, gekocht

3 EL Leinsamen, geschrotet

120 g Haferflocken

Je 2 EL Oregano, Majoran, Senf, Ketchup

Wüstensalz

Für den Krautsalat:

150 g Karotten

150 g Weißkraut

1 Schalotte

1 kleiner Apfel

1–2 EL Ziegenjoghurt

(eventuell 1 EL Mayonnaise)

Wüstensalz, Pfeffer, Senf, Zitronensaft

6–8 Mandelweckerl (siehe Seite 118)

SO GEHTS...

Für den Krautsalat:

Karotten, Schalotte und Apfel grob raspeln sowie das Kraut fein hobeln. Mit Joghurt und Gewürzen abschmecken.

Für die Laibchen:

Zwiebeln und Knoblauch fein würfeln und in einer Pfanne mit Kokosöl 5 min. anschwitzen. Dann die im Voraus gekochten Linsen sowie Oregano und Majoran dazugeben und ebenfalls kurz erhitzen. Vom Herd nehmen und mit den restlichen Zutaten zu einer klebrigen Masse vermengen. Nach Belieben

BURGER

für 2 bis 4 Personen

Aha!

Senf bzw. Ketchup hinzufügen, mit Wüstensalz abschmecken.

Nun ca. 4–8 Laibchen formen und diese in einer Pfanne mit Kokosöl anbraten. Sobald die Laibchen auf beiden Seiten goldbraun gebraten sind, können sie aus der Pfanne genommen werden.

Die halbierten Mandelweckerln können jetzt nach Lust und Laune mit den Laibchen und Krautsalat. sowie Senf und knackigen Salatblättern bestückt werden.

Bei Glutenunverträglichkeit können die Haferflocken durch Buchweizenflocken ersetzt werden.

Zum Binden der Laibchenmasse kann auch zusätzlich ein Dotter verwendet werden.

GLUTEN FREI

GEBRATENER SELLERIE

für 2 bis 4 Personen

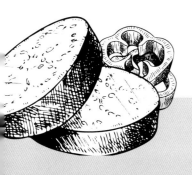

ZUTATEN

300 g Sellerie

Wüstensalz, Pfeffer

Kokosöl, Olivenöl

Saft einer halben Zitrone

2–4 Eier (1 Ei pro Person)

Blattspinatgemüse (siehe Seite 22)

SO GEHTS...

Zunächst den Sellerie schälen und in 0,5 cm dicke Scheiben schneiden.

Dann in einer Pfanne 1 EL Kokosöl erhitzen und den Sellerie auf beiden Seiten ca. 5 min. langsam anbraten, dabei mehrmals wenden.

Mit Salz, Pfeffer, Olivenöl und Zitronensaft verfeinern, auf den vorbereiteten Blattspinat geben und mit einem Spiegelei servieren.

Variante

Sellerie vor dem Braten in versprudeltem Ei wenden und in Parmesan oder Sesam wälzen. Dann wie im Rezept braten oder backen.

Aha!

Bei größeren Mengen die Selleriescheiben auf ein mit Öl beträufeltes Backblech legen und im Ofen bei 180 Grad ca. 20 min. auf mittlerer Schiene backen. Nach 10 min. einmal kurz wenden. Während dem Backvorgang bleibt Zeit um einen frischen Salat zuzubereiten und die Spiegeleier anzubraten.

KARFIOLPUFFER

ZUTATEN

für Puffer und Chips

650 g Karfiol

5 Eier

2 EL Goldleinsamen, gemahlen

2 EL Sesam, gemahlen

1 Bund Petersilie

50 g Lauch oder Frühlingszwiebel

1/2 TL Wüstensalz

Muskat, Pfeffer, Kümmel (gemahlen)

Kokosöl

200 g Grünkohl

SO GEHTS…

Für die Puffer:

Karfiolrosen ca. 15 min. dämpfen.

Währenddessen Eier in einer Schüssel verquirlen und mit Gewürzen, Sesam, Leinsamen und feingehacktem Lauch oder Schnittlauch vermischen, dann 15 min. quellen lassen.

Die warmen Karfiolrosen in kleine Stücke reißen und in die Ei-Masse mischen.

1 EL Kokosöl in einer Pfanne erhitzen. Nun mit einem Löffel mehrere Laibchen in die Pfanne geben. Die Karfiolpuffer von beiden Seiten goldbraun anbraten.

Für die Grünkohlchips

Grünkohl vom Strunk befreien, in Streifen schneiden oder reißen, mit 2 EL flüssigem Kokosöl vermischen und auf einem Backblech verteilen.

Nach Belieben Salz darüberstreuen und bei 200 °C Umluft. auf mittlerer Schiene, ca. 10 min. backen. Danach auf die Grillfunktion umschalten und den Grünkohl unter Aufsicht und mehrmaligem Wenden knusprig grillen.

Mit Preiselbeer-Dip servieren (Rezept siehe Seite 106).

MIT GRÜNKOHLCHIPS

für 2 bis 4 Personen

GLUTEN FREI

Aha!

Grünkohlchips sind auch ein hervorragender Ersatz für anderes Knabbergebäck und schmecken frisch aus dem Rohr am besten. Mir sind ohnehin noch nie welche übriggeblieben!

KARFIOL-PUFFER

Rezept auf Seite 42

PREISELBEER-DIP

Rezept auf Seite 106

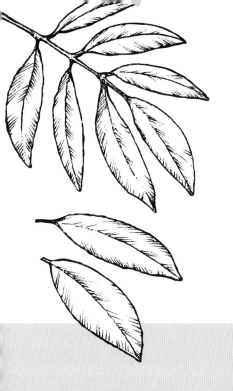

LINSEN-
DAAHL

für 2 Personen

ZUTATEN

200 g rote Linsen

150 g Lauch, feinblättrig

10g frischer Ingwer, feinblättrig

je 1 TL Koriander, Kreuzkümmel, Senfkörner

3–5 frische Curryblätter

1 Lorbeerblatt

Ca. 1 Zimtrinde bzw. Zimtstange

2 EL Kokosmus

150 g passierte Tomaten

Kokosöl

Wüstensalz, Pfeffer

SO GEHTS…

1 EL Kokosöl in einem Topf erhitzen, Gewürze, Lorbeer- und Curryblätter dazugeben und kurz anbraten – so entfaltet sich das Aroma besser.

Den Lauch dazugeben und nach 1–2 min. mit 400 ml Wasser ablöschen.

Kokosmus, Zimtrinde passierte Tomaten und Salz hinzufügen und alles bei niedriger Hitze ca. 30 Minuten einkochen.

Zum Schluss mit Pfeffer abschmecken. Das Gericht eignet sich gut als Beilage zu Reis oder kalt als Dip oder Aufstrich.

Aha!

Die Masse dickt sich nach dem Abkühlen noch ziemlich ein. Wer es lieber weicher und flüssiger mag, kann noch etwas Wasser bzw. kleingehackte Tomaten hinzugeben.

GLUTEN FREI

GEFÜLLTE PAPRIKA

für 2 bis 4 Personen

ZUTATEN

5 große Paprika

150 g Basmati-Vollkornreis

2 Karotten

100 g Lauch

1 kleine Fenchelknolle, ca. 150 g

2 Tomaten, ca. 150 g

½ Bund Petersilie

Salz, Pfeffer, frischer Thymian

Kokosöl

150 g Käse (z. B. Parmesan, Feta oder Gouda)

1 l Tomatensauce (siehe Seite 104)

SO GEHTS…

Zuerst von vier Paprika die Deckel abschneiden und das Gemüse aushöhlen.

Die fünfte Paprika sowie Karotten, Lauch, Fenchelknolle und Tomaten klein würfeln und in Kokosöl in einer Pfanne langsam anbraten. Danach Thymian und gehackte Petersilienstängel hinzugeben und ca. 10 min. zugedeckt dünsten, sodass die Flüssigkeit erhalten bleibt.

Den Reis separat nach Packungsanweisung kochen. Dann den fertigen Reis mit dem gedünsteten Gemüse und fein geriebenem Käse vermischen.

Jetzt noch die restliche Petersilie hinzufügen, mit Salz und Pfeffer abschmecken und den Gemüsereis in die vier Paprika füllen.

Tomatensauce in eine ofenfeste Form geben und die Paprika in diese hineinstellen. Bei 175 °C ca. 45 min. braten.

Süßspeisen

Mohn-Topfentorte

Rezept auf Seite 80

BRATAPFEL-MOUSSE

für 2 bis 4 Personen

ZUTATEN

500 g kleine Äpfel, ausgehöhlt

50 g Mandeln, gehackt

3 Eier

40 g Datteln, getrocknet

150 ml Schlagobers

Abrieb einer halben Zitrone

½ TL Zimt, Lebkuchengewürz

Rum

Dekor

Schlagobers und Preiselbeer-Marmelade

geröstete Mandeln oder Kokosette

SO GEHTS…

Die ausgehöhlten Äpfel in einer feuerfesten Form platzieren.

Nun die gehackten Mandeln in die Aushölungen geben, Zitronenschalen-abrieb darüberstreuen und mit ca. 50–100 ml Rum begießen.

Bei 170 Grad Umluft auf mittlerer Schiene ca. 25 min. backen.

Nach Ende der Backzeit werden die Äpfel aus dem Rohr genommen und mit einem Pürierstab oder dem Küchenmixer grob gehäckselt. Zimt und Lebkuchengewürz unter die Apfelmasse mischen.

In einer separaten Schüssel ein Ei mit den klein geschnittenen Datteln schaumig rühren, die restlichen Eier hinzufügen und weiter mixen bis etwas Volumen erreicht ist. Diese unter die Apfelmasse heben. Schlagobers leicht steif schlagen und vorsichtig unterziehen.

Das entstandene Mousse nun in Formen füllen und kaltstellen.

Mit der Preiselbeer-Marmelade, dem frisch geschlagenen Schlagobers, den Mandeln oder dem Kokosette servieren.

POLENTA-AUFLAUF

für eine Auflauf-Form

ZUTATEN

100 g Polenta

300 ml Hafermilch

300 g Äpfel, feinblättrig geschnitten

30–50 g Rosinen je nach Süße

1 EL Kokosöl, flüssig

½ TL Salz

1–2 TL Zimt

Abrieb einer halben Zitrone

1 Msp. Vanillepulver

SO GEHTS…

Alle Zutaten miteinander vermengen und in einer Auflaufform bei 170 Grad Umluft auf mittlerer Schiene für 30–45 min. backen.

Nach den ersten 15 min. aus dem Ofen nehmen und kurz kräftig umrühren, damit sich die Äpfel nicht am Boden absetzen.

Warm servieren und nach Belieben mit Kokosöl, Zimt und Zucker verfeinern.

Aha!

Wenn mal gerade keine frischen Früchte im Hause sind, einfach getrocknete verwenden (Zwetschken, Datteln, Mango…) Dabei die Flüssigkeitsmenge ein wenig erhöhen .

Himbeereis

für 2 Personen

OHNE ZUCKER

ZUTATEN

250 g tiefgefrorene Himbeeren

1 Eiklar

SO GEHTS...

Die gefrorenen Früchte in einem starken Standmixer zerkleinern.

Eiklar hinzufügen und ca. 1 min. weiter mixen bis eine cremige, aufgeschlagene Masse entsteht.

Sofort servieren, nach Wunsch auch gerne mit Schlagobers.

Aha!

Durch das Eiklar wird das Eis so richtig schön fluffig, ein zuckerfreier Traum für alle Eisliebhaber.

Funktioniert genauso gut mit anderen Beeren oder Früchten wie Marille, Banane, Birne, Zwetschke.

NORWEGISCHE BONDEPIKE

für 2 bis 4 Personen

ZUTATEN

300 g Äpfel

1 Zimtstange

1–2 Gewürznelken

Kuchenreste oder Kekse

250 ml Schlagobers

SO GEHTS…

Die Äpfel schälen und würfeln, dann etwas Wasser hinzufügen und zusammen mit der Zimtstange und den Gewürznelken weichkochen. Dann die Zimtstange und Gewürznelken entfernen und die weichen Äpfel mit einer Gabel leicht zerdrücken.

Das Apfelmus eignet sich sehr gut als kleines Schichtdessert. Hierzu schichtet man in einem Glas abwechselnd das Mus, zerbröselte Kuchenreste oder Crumble und Schlagobers.

Aha!

Bondepike ist ein herrliches norwegisches Dessert, welches sich auch in vielen anderen Variationen zubereiten lässt. Es lässt sich auch sehr gut mit Vanillecreme/-pudding als zusätzlicher Schicht im Glas kombinieren.

KAROTTENKUCHEN KLASSISCH

leichte Häppchen für bis zu 6 Personen
bzw. für 1 Blech

ZUTATEN

550 g Karotten, grob geraspelt

350 g glattes Mehl

350 ml Bio Backöl (z. B. aus Sonnenblumen)

20 g Weinsteinbackpulver

8 g Wüstensalz

10 g Zimt

250 g Zucker

260 g Eier (5–6 Stück).

Glasur

Alle Zutaten sollten Raumtemperatur haben!

550 g Philadelphia Frischkäse

200 g Butter

100 g Staubzucker

1 Msp. Vanille

SO GEHTS…

Die geschälten Karotten entweder grob mit einer Küchenreibe raspeln oder, falls vorhanden, in einer Küchenmaschine hacken.

Alle trockenen Zutaten in einer Schüssel mischen. Dann restliche Zutaten hinzufügen und gut verrühren.

Die Masse auf ein mit Backpapier belegtes Backblech streichen.

Bei 160 Grad, 25 bis 30 min. mit Ober-/ Unterhitze auf mittlerer Schiene backen.

Für die Glasur alle Zutaten miteinander vermengen und mit dem Hand-rührgerät zu einer cremigen Masse verarbeiten.

Auf den ausgekühlten Karottenkuchen streichen und kaltstellen.

Aha!

Die glutenfreie Alternative hierzu findet ihr auf Seite 64

KAROTTENKUCHEN GLUTENFREI

leichte Häppchen für bis zu 6 Personen
bzw. für 1 Blech

GLUTEN FREI

ZUTATEN

500 g Karotten, fein geraspelt

250 g Mandeln, fein gemahlen

7 Eier

150 g Birkenzucker

1 Msp. Salz

3 EL Wasser

1 MSP Vanille

2 TL Weinsteinbackpulver

10 g Zimt

100 ml Kokosöl, flüssig

2 TL Flohsamenschalen

Abrieb einer halben Zitrone

Glasur

Alle Zutaten sollten Raumtemperatur haben!

550 g Philadelphia Frischkäse

200 g Butter

50 g Birken-Staubzucker

1 Msp. Vanillepulver

SO GEHTS...

Eier trennen, Dotter mit 100 g Birkenzucker und Vanille schaumig schlagen. Eiklar mit Wasser, Salz und 50 g Birkenzucker zu Schnee schlagen.

Mandeln mit Backpulver, Zimt und Flohsamenschalen vermengen und abwechselnd mit den Karotten unter die Dottermasse heben.

Kokosöl unterrühren und zum Schluss vorsichtig den Schnee unterziehen.

Die Masse auf ein mit Backpapier belegtes Backblech aufstreichen.

Bei 170 Grad 20 bis 25 min. backen.

Für die Glasur alle Zutaten bei Raumtemperatur miteinander zu einer cremigen Masse mixen.

Auf den ausgekühlten Karottenkuchen streichen und kaltstellen.

OMAS APFEL-
SCHLANGEL

für 1 Blech

OHNE ZUCKER

ZUTATEN

Teig:

200 g Kamutmehl (plus etwas mehr zum Ausrollen)

100 g Dinkelmehl

300 g Topfen

200 g Butter

Füllung:

1000 g Äpfel

2–3 TL Zimt

75 g Mandeln, gehackt

75 g Rosinen

Saft einer halben Zitrone

SO GEHTS…

Für den Teig alle Zutaten in eine Rührschüssel geben, gut kneten und mind. 2 Stunden im Kühlschrank rasten lassen.

Äpfel schälen und grobblättrig schneiden, mit Rosinen, gehackten Mandeln, Zimt und Zitronensaft vermengen und ca. 30 min. ziehen lassen.

Den gekühlten Teig halbieren und zu zwei backblechgroßen Rechtecken ausrollen (für Boden und Abdeckung).

Den Teig für den Boden mithilfe des Rollholzes auf ein mit Backpapier belegtes Backblech legen und die Apfelfüllung darauf verteilen.

Nun mit der anderen Teighälfte abdecken, mit Wasser bepinseln und bei 170 Grad Ober-/ Unterhitze auf mittlerer Schiene ca. 45–60 min. backen.

Aha!

Schon als Kind half ich immer mit, wenn meine Oma ihren berühmten Apfelschlangel zauberte. Da es sich außerdem um eines meiner ersten selbst ausprobierten Rezepte handelt, war es mir besonders wichtig, hier eine glutenfreie Alternative anzubieten. Auf Seite 68 findet ihr das Rezept dafür!

OMAS APFELSCHLANGEL GLUTENFREI

für 1 Blech

ZUTATEN

Teig

200 g Hirse, gemahlen (plus etwas mehr zum Ausrollen)

200 g Topfen

200 g Butter

60 g Goldleinsamen, gemahlen

2 TL Weinsteinbackpulver

Füllung

1000 g Äpfel

2–3 TL Zimt

75 g Mandeln, gehackt

75 g Rosinen

Saft einer halben Zitrone

SO GEHTS…

Für den Teig alle Zutaten in eine Rühr-schüssel geben, gut kneten und über Nacht im Kühlschrank rasten lassen.

Der Teig ist zunächst etwas klebrig, wird durch die Ruhezeit im Kühl-schrank jedoch fest und lässt sich mit viel Hirsemehl gut weiterverarbeiten.

Äpfel schälen und grobblättrig schneiden, mit Rosinen, Mandeln, Zimt und Zitronensaft vermengen und ca. 30 min. ziehen lassen.

Den Teig halbieren und auf einer mit viel Hirsemehl bestäubten Arbeitsfläche zu zwei backblechgroßen Rechtecken ausrollen (für Boden und Abdeckung).

Den Teig für den Boden mithilfe des Rollholzes auf ein mit Backpapier belegtes Backblech legen und die Apfelfüllung darauf verteilen.

Nun mit der anderen Teighälfte abdecken, mit Wasser bepinseln und bei 170 Grad, Ober-/ Unterhitze auf mittlerer Schiene ca. 45–60 min. backen.

SCHOKOLADEN-BROWNIES

für 1 Blech

ZUTATEN

270 g Schokolade, 70% Kakaogehalt

220 g Butter

9 Dotter

9 Eiklar

80 g Birkenzucker

100 g Mandeln, fein gemahlen

1 Msp. Wüstensalz

SO GEHTS…

Schokolade und Butter im Wasserbad bei mittlerer Wärmezufuhr langsam schmelzen. Hierbei darauf achten, dass die Masse nicht zu heiß wird. Schokolade vom Wasserbad nehmen und mit den Dottern zu einer gebundenen Masse rühren.

In einer separaten Schüssel die Eiklar mit Birkenzucker und einer Prise Salz zu Schnee schlagen. Im Anschluss die Mandeln unter die Dottermasse rühren und den Eischnee vorsichtig unterheben.

Der Brownie-Teig wird nun auf ein mit Backpapier belegtes Backblech gestrichen und bei 160 Grad, Ober-/ Unterhitze auf mittlerer Schiene ca. 20 min. gebacken.

Aha!

Dieses ist eines meiner Lieblingsrezepte. Da die Brownies eher saftig sind als trocken, erinnern sie mich immer ein wenig an Schokoladefondant. Nach Belieben können hier noch bis zu 200 g gehackte, geröstete Nüsse (am besten eine Mischung aus Hasselnuss, Mandel und Walnuss) hinzugefügt werden.

MARONI-SCHOKOLADE-KUCHEN

für 1 Tortenform Ø 24 cm

GLUTEN FREI

ZUTATEN

200 g Maroni, vorgegart

150 ml Hafermilch

50 g Birkenzucker

1 Msp. Vanillepulver

3 EL Rum

150 g Butter

200 g Kuvertüre, dunkel (Kakaogehalt ca. 70%)

4 Eier

SO GEHTS…

Die Maroni mit Hafermilch, Vanillepulver und der Hälfte des Birkenzuckers in einem Topf aufkochen und 5–10 min. bei geringer Wärmezufuhr köcheln lassen. Danach vom Herd nehmen, etwas abkühlen lassen und den Rum hinzufügen.

Inzwischen Butter mit Schokolade im Wasserbad schmelzen.

Die Eier mithilfe eines Handrührgeräts mit dem übrigen Zucker aufschlagen.

Nun die abgekühlte Maroni-Mischung dazugeben und alles mit dem Stabmixer pürieren.

Zu guter Letzt die geschmolzene Schokolade mit einem Kochlöffel unter die Masse rühren.

Bei 180 ˚C, Ober-/Unterhitze auf mittlerer Schiene, 20–25 min. backen.

Aha!

Der Kuchen hat eine cremige Konsistenz und eignet sich mit Vanilleeis, Schlagobers und Schokoladensauce hervorragend als Dessert.

ZWETSCHKEN - BLECHKUCHEN

Rezept auf Seite 76

ZWETSCHKEN -

OHNE ZUCKER

ZUTATEN

200 g Datteln

6 Eier

50 g Mandeln, gemahlen

50 g Leinsamen, gemahlen

50 g Kokosöl, flüssig

100 g Buchweizenmehl

1 TL Backpulver

1 TL Flohsamen

Salz

Abrieb einer Zitrone

Kardamom

1 EL Rum

ca. 650 g frische Zwetschken

BLECHKUCHEN

GLUTEN FREI

SO GEHTS…

Die Datteln in einem Mixer zerkleinern, dann nach und nach die Eier beigeben, sodass eine homogene Masse ohne Klumpen entsteht. 1/2 TL Salz hinzufügen und weiter cremig aufschlagen.

Alle trockenen Zutaten vermischen und unter die Eiermasse heben. Zum Schluss das flüssige Kokosöl einrühren.

Nun wird die Masse in eine 30x40 cm große Form gefüllt und auf 1 cm Höhe glattgestrichen. Natürlich kann auch eine runde Form verwendet werden.

Die frischen Zwetschken entkernen und in Spalten schneiden, mit Zimt bestreuen und den Kuchenboden damit dicht bedecken.

Bei 170 ˚C, Ober-/ Unterhitze auf mittlerer Schiene, ca. 20 min. backen.

Aha!

Lässt sich auch wunderbar mit anderen Früchten (wie Birnen oder Äpfel) belegen. Die Grundmasse ist im Vergleich zu meinen anderen Kuchensorten eher trocken, also gerne mit viel Obst belegen, wenns saftig sein darf.

BIRNEN-MOHN-KUCHEN

für 1 Blech

ZUTATEN

500 g frische Birnen sowie 600 g Birnenmus

60 g Leinsamen

1 EL Chiasamen

50 g Datteln, zerkleinert

1 EL Flohsamenschalen

1 Pkg. Weinsteinbackpulver

60 g Kokosöl

150 g Mandeln, gemahlen

300 g Mohn

Vanille, Salz, Abrieb einer halben Zitrone

SO GEHTS...

Zunächst die Birnen in dünne Spalten schneiden.

Alle weiteren Zutaten mithilfe einer Küchenmaschine vermengen.

Nun die Masse auf einem mit Backpapier belegten Backblech ausbreiten. Dieser Boden kann nun mit den Birnenspalten belegt werden.

Bei 160 °C ca. 20–30 min. backen.

Zu diesem Kuchen passt hervorragend Birneneis. Dieses kann wie auch das Himbeereis (Rezept siehe Seite 58) ohne Zugabe von Zucker leicht selbst zubereitet werden.

Mohn-Topfentorte

für 1 Tortenform Ø 24 cm

GLUTEN FREI

ZUTATEN

Tortenboden

75 g gemahlenen Mohn

35 g Xylit (oder 6 Dat-
teln für eine zucker-
freie Variante)

50 g Kokosöl, flüssig

Füllung

270 g Ziegentopfen

50 g Xylit (oder 8 Datteln)

3 Eier

1 Msp. Vanillepulver

etwas Rum

Abrieb einer ¼ Zitrone

Glasur

350 g Topfen/ Frischkäse

100 g Butter

50–100 g Xylit-Staub-
zucker
(oder 5 Datteln)

Vanillepulver

SO GEHTS…

Für den Boden zunächst alle Zutaten vermengen und mit den Fingern in eine Tortenform drücken. Dann im Kühlschrank 30 min. kalt stellen.

Für die Füllung die genannten Zutaten mit einem Mixer zu einer homogenen Masse verarbeiten und auf dem Tortenboden verteilen.

Bei 160 °C, Ober-/Unterhitze auf mittlerer Schiene ca. 45 min. backen. Lassen Sie den Kuchen danach vollständig abkühlen.

Währenddessen für die Glasur den Topfen, die Butter, den Xylit-Staubzucker und den Vanillezucker vermengen.

Die Süße kann natürlich nach Belieben angepasst werden. Die Masse sollte schön cremig sein. Wenn die Glasur etwas zu fest werden sollte, einfach etwas Sahne beimengen. Wenn der Kuchen abgekühlt ist, kann die Glasur aufgetragen werden.

Die Tortenstücke mit warmem Zwetschkenröster servieren.

APFELTORTE AUF HIRSEBODEN

Rezept auf Seite 84

APFELTORTE AUF

für 1 Tortenform Ø 24 cm

ZUTATEN

100 g Hirse

250 ml Wasser

50 g getrocknete Datteln, fein geschnitten

½ TL Salz

1 TL Weinsteinpulver

50 g Kokosöl oder Ziegenbutter (Raumtemperatur)

Saft einer halben Zitrone

750 g Äpfel

100 g Rosinen

1 EL Zimt

50 g Mandeln, gehack

SO GEHTS…

Äpfel schälen und grob reiben, mit Rosinen, den gehackten Mandeln, Zimt und Zitronensaft vermengen und ca. 30 min. ziehen lassen.

HIRSEBODEN

Aha!

Inzwischen Hirse mit Wasser, Datteln und Salz 20 min. kochen und 10 min. ziehen lassen, abkühlen lassen und Kokosöl untermengen.

Tortenring auf ein mit Backpapier belegtes Backblech stellen und die Hirsemasse gleichmäßig in die Form drücken.

Äpfel gleichmäßig darauf verteilen, vorsichtig eindrücken und gleichstreichen.

Bei 170 ˚C ca. 45–60 min. backen.

Für Nussliebhaber können in den Hirseboden noch zusätzlich bis zu 100 g geriebene oder gehackte Nüsse eingearbeitet werden. Diese können auch leicht geröstet sein, was deren Aroma besonders entfaltet!

Natürlich können die Nüsse bei einer Unverträglichkeit auch ganz weggelassen werden!

MOHN-TOPFEN-HIMBEERTORTE
Rezept auf der nächsten Seite

MOHN-TOPFEN-

für 2 Torten mit jeweils Ø 20 cm

ZUTATEN

Alle Zutaten sollten Raumtemperatur haben

200 g Butter

45 g Birken-Staubzucker

1 Msp Vanille

8 Eier

45 g Birkenzucker

1 Msp Wüstensalz

2 EL Wasser

200 g Mohn, fein gemahlen

100 g Mehl

1 Pkg. Weinsteinbackpulver

Abrieb einer halben Zitrone

Creme

500 g Topfen

50 g Birkenzucker

2 EL Rum

Saft einer Zitrone

1 Msp Vanille

10 Blatt Gelatine bzw. Agar-Agar

500 ml Schlagobers

Tortenbelag

1 kg gefrorene Himbeeren (ca. 500 g pro Torte bei 2 Torten mit Ø 20 cm

vegetarisches Tortengelee

SO GEHTS…

Für den Mohnboden

Butter mit Birken-Staubzucker, Vanille und Zitronenabrieb schaumig rühren.

Eier trennen und die Dotter nach und nach zur Buttermasse hinzufügen.

Mohn, Mehl und Weinsteinbackpulver vermischen und in die Teigmasse einrühren.

Das Eiklar in einer separaten Schüssel mit Birkenzucker, Salz und Wasser schlagen. Der entstandene Eischnee kann nun vorsichtig unter den Teig gehoben werden.

Die Masse gegebenenfalls in zwei Ø 20 cm Formen aufteilen und bei 170 ˚C mit Umluft ca. 30 min. backen. Aus dem Rohr nehmen und auskühlen lassen.

HIMBEERTORTE

oder 1 Torte mit Ø 26 cm

Aha!

Für die Creme

Die Gelatine/Agar-Agar in kaltem Wasser einweichen.

Topfen mit Birkenzucker, Rum, Zitrone und Vanille vermengen.

Schlagobers steif schlagen (nicht zu fest schlagen, da er sich dadurch leichter unter die Masse heben lässt).

Gelatine/Agar-Agar mit ca. 4-5 EL vom Einweichwasser bei niedriger Hitze erwärmen bis sie sich vollständig aufgelöst hat. Dann 3 EL Schlagobers hinzufügen.

Nun ca. ¼ der Topfenmasse in die Gelatine/Agar-Agar-Mischung hineinrühren. Da die Mischung schnell geliert,

sollte sie nun recht zügig unter die restliche Topfenmasse gerührt werden. Zu guter Letzt den Schlagobers unterheben.

Die fertige Creme gleichmäßig auf die gebackenen Tortenböden verteilen, glattstreichen und kaltstellen.

Die gekühlte Torte kann nun nach Belieben mit Tortengelee glasiert und mit gefrorenen Himbeeren verziert werden.

Wer auf Gluten verzichten möchte, kann das Mehl ganz einfach durch dieselbe Menge gemahlene Mandeln ersetzen. Die Masse ist dann etwas kompakter, da sie durch den höheren Fettgehalt weniger aufgeht!

GLUTEN FREI

ENERGIE BÄLLCHEN

für ca. 20 Stück

ZUTATEN

200 g Datteln, getrocknet

35 g Gojibeeren

150–200 g Kokosflocken

Saft und Schalenabrieb einer halben Zitrone

1 Msp. Salz,

Kakaopulver, Vanillepulver, Kardamon

100 g Schokolade (Kakaogehalt nach Belieben zwischen 70 und 100 %)

SO GEHTS…

Sollten die Gojibeeren und eventuell auch die Datteln sehr hart sein, so lohnt es sich sie für ca. 30 min. in Wasser einzuweichen. Achtung: Flüssigkeit beim Abgießen nicht weg leeren, sondern aufbewahren, falls die Masse mehr Flüssigkeit für die richtige Konsistenz benötigt.

Alle Zutaten in den Mixer geben und zu einer homogenen Masse verarbeiten (je mehr Wasser umso mehr Kokosflocken werden benötigt).

Die Masse sollte sich gut zu Kugeln formen lassen, ist jedoch relativ weich und wird erst bei Lagerung im Kühlschrank etwas fester.

Die fertigen Kugeln in geschmolzene Schokolade tunken und dann in Kokosflocken wälzen. Sollte die Masse zu weich sein, geformte Bällchen kurz in den Tiefkühler stellen. So behalten sie ihre Form.

Aha!

Um ganz zuckerfrei zu bleiben, Schokolade mit 100 % Kakaogehalt verwenden oder selbst 100 g flüssiges Kokosöl mit 1–2 EL Kakaopulver zu einer schokoladen-ähnlichen Konsistenz vermischen.

GLUTEN FREI

FEIGEN-BÄLLCHEN

für ca. 15 Stück

OHNE ZUCKER

ZUTATEN

100 g Feigen

100 g Kokosflocken

1 EL Kokosöl, flüssig

je 1 Msp. Vanillepulver, Zimt, Kakaopulver

Zitronenschalenabrieb

SO GEHTS...

Feigen in ein schmales hohes Gefäß geben und mit heißem Wasser bedecken. Nach 30 min. Wasser abschütten und alle Zutaten zusammen im Mixer zu einer klebrigen, formbaren Masse verarbeiten.

Bällchen formen und in Kokosflocken oder Kakaopulver wälzen.

Die Feigenbällchen halten sich im Kühlschrank in einem geschlossenen Gefäß bis zu einer Woche, verschwinden aber meistens schon nach ein paar Tagen!

Aha!

Das übrige Feigenwasser kann für Frühstücksbreie oder zum Süßen anderer Speisen verwendet werden.

ENERGIEBÄLLCHEN

Rezept auf Seite 90

FEIGENBÄLLCHEN

RAW BROWNIE

för ca. 20 Stück

ZUTATEN

50 g Hanfsamen, fein gemahlen

50 g Haselnüsse

50 g Mandeln

50 g Walnüsse

50 g Kakaopulver

50 g Isabella-Trauben eigens getrocknet
(oder Rosinen)

10 g Gojibeeren

100 g Datteln, getrocknet und entsteint
(2 std mit Wasser bedeckt)

1 Msp. Wüstensalz

SO GEHTS…

Hanfsamen, Nüsse und Kakaopulver im Mixer fein mahlen. Während des Mixvorgangs nach und nach Datteln, Salz und Rosinen hinzufügen bis eine feste Masse entsteht, eventuell etwas Dattelwasser beigeben.

Die fertige Masse zwischen 2 Backpapierbögen ausrollen, kaltstellen und nach dem Auskühlen in kleine Quadrate schneiden.

Ein schneller Energiespender, den man auch hervorragend einfrieren kann!

Aha!

Achtung, Bei zu langem Mixen wird die Masse zu sehr erwärmt, wodurch wertvolle Nährstoffe und Vitamine verloren gehen.

SAUCEN UND DIPS

BASILIKUMPESTO

für ein Glas (ca. 250 ml)

ZUTATEN

100 g Basilikum

100–200 ml Olivenöl

35 g Käse (Ziegenhartkäse/Manchego/
Parmesan)

100 g Mandeln

Saft einer halben Zitrone

Pfeffer, Wüstensalz

SO GEHTS…

Alle Zutaten zusammen in den Mixer geben
und zu einer groben oder nach Bedarf lieber
feineren Masse mixen.

Um eine dünnere Konsistenz zu erhalten, kann
nach Bedarf mehr Öl verwendet werden.

Eignet sich hervorragend als Aufstrich auf
Hirseknäckebrot, zu Pastagerichten oder zum
Marinieren von Salaten.

Aha!

*Das Pesto kann ohne
Weiteres auch vegan
zubereitet werden.
Anstelle des Käses
können dann mehr
Mandeln, geröstete
Sonnenblumenkerne,
Sesam oder Hefe-
flocken verwendet
werden.*

HUMMUS
Rezept auf Seite 100

OMAS VISAUFSTRICH
Rezept auf Seite 105

BASILIKUMPESTO

HUMMUS

Dip für 2 bis 4 Personen

ZUTATEN

200g Kichererbsen, gekocht (eventuell mit Thymian, Bohnenkraut, Lorbeerblatt)

65 g Sesam, gemahlen

15 g Zitronensaft

ca. 50 ml Olivenöl

½ Bund Petersilie (ca. 30 g)

Pfeffer, Wüstensalz

Aha!

Nach Belieben können Kapern, getrocknete Tomaten, andere Kräuter, rote Rüben oder Kren hinzugefügt werden. Der Fantasie sind hier keine Grenzen gesetzt!

SO GEHTS…

Die Kichererbsen unbedingt über Nacht einweichen, so verringert sich die Kochzeit! Die eingeweichten Kichererbsen abseihen und in reichlich Wasser mit Thymian, Lorbeerblatt oder Bohnenkraut kochen.

Wie auch Linsen, sind Kichererbsen besser verträglich, wenn das Einweich- und Kochwasser mehrmals gewechselt wird. Das Salz erst zum Ende der Kochzeit beigeben.

Wenn die Kichererbsen weich sind, können sie abgeseiht werden; hierbei das Kochwasser unbedingt auffangen!

Die noch warmen Kichererbsen in den Mixer geben, Olivenöl, Zitronensaft, Petersilie, Salz und Pfeffer hinzufügen und nach und nach etwas Kochwasser dazugeben bis die richtige Konsistenz erreicht ist.

Fertig ist ein herrlicher Dip für Karotten, Gurken, Radieschen, Kohlrabi, Fenchel etc. Eignet sich ebenfalls als Brotaufstrich.

ROTE-RÜBEN-LINSEN-AUFSTRICH

ergibt ca. 300 g Aufstrich

ZUTATEN

75 g rote Linsen

200 g rote Rüben

1 TL Koriander, gemahlen

1 TL Kreuzkümmel, gemahlen

3–5 Curryblätter, getrocknet

2 EL Kokosmus

Wüstensalz

einen Schuss Balsamicoessig

1 EL Kokosöl

SO GEHTS…

In einer Pfanne 1 EL Kokosöl erhitzen und Koriander, Kreuzkümmel und Curryblätter kurz darin anbraten.

Rote Linsen warm abspülen, zu den Gewürzen geben und mit 150 ml Wasser ablöschen.

Rote Rüben kleinwürfelig schneiden und zusammen mit Kokosmus und Salz zu den Linsen geben.

Nach 15–20 min. sollten Linsen und Rüben weichgekocht und die Flüssigkeit fast vollständig verdunstet sein.

Nun kann alles zu einer glatten Masse püriert und mit etwas Balsamicoessig und Salz abschmeckt werden.

Nach Belieben etwas Wasser und 1 EL Kokosöl hinzufügen um die gewünschte Konsistenz zu erhalten

Der Aufstrich kann ruhig etwas dünner sein, da er im Kühlschrank noch nachzieht und durch das Kokosöl/-mus mit der Zeit fest wird.

Aha!

Für eine etwas mildere Variante lassen sich die roten Rüben übrigens hervorragend durch Karotten ersetzen.

TOMATENSAUCE

Beilage für 2 bis 4 Portionen

ZUTATEN

1 l passierte Tomaten

100 g Lauch

100 g Karotten, fein geschnitten

5 Datteln

Oregano, Thymian, Majoran, Rosmarin

Wüstensalz, Pfeffer

Vegetarisches Suppengewürz

Kokosöl

1–2 EL Olivenöl

SO GEHTS…

Den Lauch und die Karotten ca. 5 min. in Kokosöl anschwitzen.

Dann das Gemüse mit den passierten Tomaten ablöschen, die fein geschnittenen Datteln, Gewürze und Salz beimengen und bei niedriger Temperatur mindestens 45 min. köcheln lassen.

Je länger die Sauce köchelt, desto intensiver wird sie. Sollte die Sauce zu dick werden, Wasser hinzufügen.

Zum Schluss wird die Sauce mit dem Stabmixer püriert.

Aha!

Ich schmecke die Tomatensauce gerne mit meinem selbstgemachten Suppengewürz ab. Du findest es auf Seite 107.

OMAS VISAUFSTRICH

ergibt ca. 350g Aufstrich

ZUTATEN

4 gekochte Eier

100 g Butter, raumtemperiert

1 EL Vispulver (Hefepulver)

3 Essiggurken

1 TL Senf

1 Bund Schnittlauch

Wüstensalz

SO GEHTS...

Butter mit Schneebesen etwas schaumig rühren.

Die gekochten Eier fein hacken, gewürfelte Essiggurken und Schnittlauch mit den restlichen Zutaten unter die Butter rühren und mit Wüstensalz abschmecken.

Aha!

Wer auf Milchprodukte verzichtet, kann die Butter durch ein zusätzliches Ei ersetzen. Dabei die Eier fein mixen um eine homogene Masse zu erhalten. Der Aufstrich ist dann allerdings durch den geringen Fettgehalt nicht so lange haltbar.

Foto auf Seite 99

PREISELBEER-DIP

für 2 bis 4 Personen

ZUTATEN

200 g Ziegenjoghurt

3 EL Preiselbeer-Marmelade

ca.10–20 g Kren, fein gerieben,
(je nach Belieben und Schärfe)

½ TL Wüstensalz

SO GEHTS...

Alle Zutaten miteinander vermischen und im
Kühlschrank mindestens 20 min. ziehen lassen.

Foto auf Seite 45

ALEXANDRAS SUPPENGEWÜRZ

für 2-4 Personen

ZUTATEN

Man nehme aus dem Bio-Hausgarten:

1 Bund Liebstöckel (auch als „Maggiekraut" bekannt)

200 g Sellerieknolle

200 g Karotten

200 g Lauch, Stange

150 g Wüstensalz, grob

SO GEHTS...

Gemüse klein würfeln und im Dörrgerät bei max. 40 °C trocknen um die Nährstoffe und Enzyme zu erhalten.

Das getrocknete Gemüse mit dem groben Wüstensalz vermischen und in eine Salz- bzw. Gewürzmühle füllen.

BROT

KÜRBISBROT

Grundrezept für 1 Laib Brot

ZUTATEN

500 g Hokkaido, gedünstet

250 g Buchweizenmehl, plus extra Mehl zum
    Stauben und Verarbeiten

100 g Samen (Sonneblumen, Sesam,
    Leinsamen…)

 1/2 Pkg. Weinsteinbackpulver

1 TL Flohsamen, gemahlen

1 TL Wüstensalz

50 g Leinsamen, gemahlen

2 EL Zitronensaft

1 EL Chiasamen

SO GEHTS…

Kürbis mit Zitronensaft und Salz pürieren.

Buchweizenmehl, Weinsteinbackpulver, Leinsamen und Flohsamen vermischen, die Samen
dazu geben und mit dem Kürbis gut durchkne-
ten.

Der Teig ist ziemlich klebrig, deswegen viel
Buchweizenmehl für die Weiterverarbeitung
verwenden.

Ein längliches, baguette-ähnliches Brot formen
mit Wasser bepinseln, an der Oberfläche mit
einem Messer alle 2 cm einkerben und mit Mehl
anstauben.

Bei 180 Grad ca. 60 min. backen, ein ofenfestes
Gefäß mit Wasser mit ins Rohr stellen, damit
das Brot schön knusprig wird.

Auf einem Gitter abkühlen lassen.

Aha!

*Anstelle von Hokkaido
können auch andere
süßliche Kürbissorten
oder sogar Süßkartof-
feln verwendet werden.*

HIRSE-QUINOA-KNÄCKEBROT

Grundrezept für 3 bis 4 Backbleche

ZUTATEN

1,5 l Wasser

150 ml Quinoa

150 ml Hirse

1 EL Flohsamenschalen

100 ml Goldleinsamen, geschrotet

150 ml Sesam

200 ml Sonnenblumenkerne

50 ml Chiasamen

150 ml Kokosraspeln

3 EL Kokosöl

2 TL Wüstensalz

SO GEHTS…

Wasser aufkochen und Quinoa und Hirse darin 15 min. kochen lassen.

Inzwischen alle anderen Zutaten vorbereiten und unter die gekochte noch warme Hirse-Quinoa-Masse rühren.

Zwischen zwei Bögen Backpapier mit einem Nudelholz dünn ausrollen, mit dem Pizzaroller oder einem Messer in Quadrate schneiden und aufs Backblech ziehen.

Bei 175 Grad Umluft ca. 35–50 min. backen – je nachdem, wie viele Backbleche gleichzeitig im Rohr sind.

Nach ca. 30 min. das Knäckebrot umdrehen, das Backpapier auf der Rückseite lösen und weiter trocknen.

Bei erreichter Bräunung das Knäckebrot aus dem Rohr nehmen und auf einem Gitter auskühlen lassen.

Aha!

Knäckebrot ist zwar etwas aufwendiger als Brot backen aber hält sich gut in luftdichten Gläsern oder Dosen. Falls es doch mal zu feucht bekommt und zäh wird, einfach wieder im Rohr nachtrocknen.

KAMUTBROT

Grundrezept für 2 Laibe Brot

ZUTATEN

900 g Ziegenjoghurt

750 g Kamutmehl

100 g Sonnenblumenkerne

100 g Leinsamen, geschrotet

100 g Sesam

30 g Salz

3 EL Brotgewürz, grob gemahlen

25 g Weinsteinbackpulver

SO GEHTS…

Alle trockenen Zutaten miteinander mischen, den Joghurt dazugeben und zu einem glatten Teig kneten.

Zwei Brotlaibe formen und auf ein mit Backpapier belegtes Backblech legen.

Mit Wasser bestreichen und nach Belieben mit Samen bestreuen.

Eine mit Wasser befüllte, ofenfeste Form auf den Backrohrboden stellen.

Die Brote zunächst bei 180 Grad, Ober-/ Unterhitze auf mittlerer Schiene in das Rohr geben. Nach 5 min. erneut mit reichlich Wasser bestreichen, um ein rasches Austrocknen zu vermeiden. Weitere 5 min. backen, dann Temperatur auf 160 Grad reduzieren und ca. 70 min. weiterbacken.

Aha!

Brot kann auch in einer Form gebacken werden und nach 60 min. Backzeit herausgenommen und am Gitter oder Backblech fertig gebacken werden. Ich verwende gerne Backpapier in der Form, um ein eventuelles Ankleben des Teiges in der Backform zu verhindern.

MANDELWECKERL

für 6 bis 8 Stück

ZUTATEN

125 g Mandeln, gemahlen

125 g Goldleinsamen, gemahlen

4 Eiklar

1 Pkg. Weinsteinbackpulver

50 g Kokosöl, flüssig

1/2 TL Wüstensalz

SO GEHTS…

Die vier Eiklar mit einer Prise Salz steif schlagen. In einer separaten Rührschüssel alle trockenen Zutaten vermischen und sodann den Eischnee vorsichtig unterziehen.

Zum Schluss das flüssige Kokosöl unterrühren und sofort mit einem Löffel ca. 6 bis 8 Häufchen (hierbei eher hoch als breit) auf ein mit Backpapier belegtes Backblech geben. Die Masse hat zunächst wenig Bindung, hält durch den Backvorgang jedoch später gut zusammen.

Bei 160 Grad Ober-/ Unterhitze auf mittlerer Schiene ca. 15 min. backen.

##

Die Mandelweckerl lassen sich wunderbar im rohen Zustand einfrieren und nach Bedarf aufbacken. Dabei ist zu beachten, dass sich die Backdauer von 15 min. auf ca. 30 min. erhöht.

Foto auf Seite 7

QUINOABROT

für einen Laib Brot

ZUTATEN

150 g Buchweizenmehl

200 g Quinoa, gekocht

250 g Ziegenjoghurt

40 g Sonnenblumenkerne

40 g Sesam

40 g Leinsamen, geschrotet

1 TL Wüstensalz

1 TL Weinsteinbackpulver

1,5 TL Brotgewürz, gemahlen

SO GEHTS...

Den Quinoa nach Packungsanweisung zubereiten.

Alle trockenen Zutaten in einer Rührschüssel miteinander vermischen.

Diese mit Joghurt und dem fertigen Quinoa zu einem Teig verarbeiten.

Den Teig auf einem Backblech zu einem Brotlaib formen.

Das Backblech wird entweder mit Backpapier belegt oder mit Fett bestrichen und Buchweizenmehl bestreut.

Der Brotlaib wird vor dem Backen mit Wasser bestrichen. Eine mit Wasser befüllte ofenfeste Form auf den Backrohrboden stellen.

Bei 200 Grad Umluft auf mittlerer Schiene für 10 min. backen, dann Temperatur auf 170 Grad reduzieren und weitere 55 min. backen.

Aha!

Das zusätzliche Wassergefäß im Ofen verhindert ein vorzeitiges Austrocknen und sorgt dafür, dass das Brot eine knusprige Kruste bekommt.

GLUTEN FREI

EIWEISSBROT

für ein Brot

ZUTATEN

250 g Leinsamen (125 g geschrotet, 125 g gemahlen)

4 Eier

100 ml Wasser

80 g Mandeln, gemahlen

1 TL Wüstensalz

1,5 TL Weinsteinbackpulver

1 TL Brotgewürz, gemahlen oder im Ganzen

40 g Kokosöl, flüssig

SO GEHTS…

Alle Zutaten miteinander vermischen und 5 min. stehen lassen.

Aufs Backpapier setzen und in gewünschte Form bringen, Hände dabei gut mit Wasser befeuchten, damit der Teig nicht zu sehr kleben bleibt.

Das Brot mit Wasser bepinseln und mit Sesam oder anderen Samen bestreuen. Eine mit Wasser befüllte, ofenfeste Form auf den Backrohrboden stellen.

Bei 170 Grad auf mittlerer Schiene für 30–40 min. backen. In den ersten 10 min. zweimal erneut mit Wasser bestreichen um ein Austrocknen zu verhindern. Der Teig kann dadurch besser aufgehen.

Nach beendeter Backzeit, das Brot auf einem Gitter abkühlen lassen.

Aha!

In einem Papiersackerl, welches sodann in eine Plastiktüte gepackt wird, hält sich das Brot mindestens 5 Tage im Kühlschrank.

BANANENBROT

Für eine Tortenform (Ø 20 cm) oder Kastenform (10x20 cm)

ZUTATEN

300 g reife Bananen

6 getrocknete Datteln

3 (150 g) Eier

Zimt, Vanille, Salz

1 TL Weinsteinbackpulver

1 EL Zitronensaft

220 g Mandeln, gemahlen

50 g Goldleinsamen, gemahlen

30 g Kokosöl, flüssig

SO GEHTS…

Bananen und Datteln im Mixer zu einer cremigen Masse vermengen.

Dann die Eier und eine Prise Salz hinzufügen. Alles mit dem Handmixer aufschlagen bis sich die Masse verdoppelt hat.

Restliche Zutaten unterrühren und zum Schluss das Kokosöl dazugeben.

Bei 160 °C ca. 30–45 min. bei Ober-/ Unterhitze backen.

Aha!

Die Mandeln können problemlos zur Hälfte (oder auch ganz) durch gemahlene Walnüsse ersetzt werden und die Datteln evtl. durch Feigen.

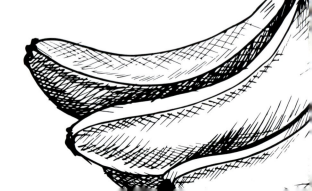

Tusen takk...

Ein herzliches Dankeschön an alle, die mich die letzten Jahre unterstützt haben und mich immer wieder dazu ermutigt haben, weiter an meinem Kochbuch zu schreiben. Allen, die mir geholfen haben, wertvolle Verbindungen zu knüpfen und mich mit den passenden Kontakten bekannt gemacht haben. Nicht zu vergessen die vielen Menschen, die ihre Geschmacksknospen zur Verfügung gestellt haben und meine Kreationen mit Freude verkostet haben.

Eure Begeisterung für meine Kochkünste gab mir viel Motivation und Inspiration, Altes zu überdenken und Neues zu kreieren.

Vor allem möchte ich Reinhard Otto (Grafik und Layout) und Vinzent Trenkler (Fotografie) danken, die dieses Buch mit ihren fantastischen Fähigkeiten und genialen Ideen mitgestaltet haben. Eurer Initiative und eurem Einsatz ist es zu verdanken, dass mein schon jahrelang geplantes Projekt endlich realisiert werden konnte.

Ich danke euch von ganzem Herzen!!!

Tusen takk!!! *

*(norwegisch für Tausend Dank)

Aha!

Rezepte: Alexandra Haas
Grafisches Konzept/Gestaltung: r-ot - Mag. Reinhard Otto
Idee für das Cover: Romana Sauseng
Fotografie: Vinzent Trenkler
Lektorat: Franziska Schmidt und Dr. Helga Putz
Text: Stefanie Vlas
Druck: Servicebetrieb ÖH - Uni Graz GmbH
Verlag: print-verlag, Graz
ISBN-Nummer: 978-3-903163-10-2
www.aha-as.at